SOCIÉTÉ

DES

AMIS DU PEUPLE.

PRÉVOT, LIBRAIRE-ÉDITEUR,

RUE DE VAUGIRARD, N. 22.

FÉVRIER 1831.

SOCIÉTÉ

DES

AMIS DU PEUPLE.

EXPOSÉ DES MOTIFS DE LA DÉLIBÉRATION DU
2 FÉVRIER 1831 (1).

Tout citoyen qui s'occupe de la chose publique doit rendre compte à son pays, et de ses
intentions et de ses actes : les sociétés patriotiques
doivent encore plus que les individus se soumettre à cette règle. C'est ce que la Société des Amis
du Peuple avait compris dès sa naissance; aussi
s'empressa-t-elle de proclamer ses principes,
d'indiquer, dans un manifeste, le but qu'elle se

____

(1) Voyez, page 12, le procès-verbal de la séance du 2
février.

proposait, de développer les motifs de ses divers actes, et de rendre le peuple juge de ses discussions, au moyen de la publicité des séances.

Mais l'aristocratie et le privilége s'émurent à la vue d'une association d'hommes libres, et bientôt ils réunirent toutes leurs forces pour la détruire. Il fallut d'abord préparer l'opinion publique à cette violence qu'on voulait exercer un mois après les journées de juillet. La calomnie fut mise en œuvre avec habileté; des discours absurdes furent prêtés aux orateurs de la société; et, au signal donné par un ministre du haut de la tribune, mille bouches payées répétèrent, dans Paris, que les maux du commerce, que l'inquiétude du pays étaient l'œuvre des Amis du Peuple. Cette opinion mensongère fut appuyée par divers journaux. Impassible et calme, la Société des Amis du Peuple, sans s'occuper de ces mauœuvres, continuait ses travaux, et prenait chaque jour plus de consistance.

Elle grandissait, la haine des privilégiés grandit également; il fallut alors, à tout prix, étouffer des accens de liberté et de raison qui déjà retentissaient dans toute la France; et le ministère Guizot organisa la soirée du 25 septembre 1830. (*Le procès-verbal de cette séance a été publié.*)

Les organes ministériels, les *quasi-légitimes*,

les partisans de Charles X, les serviles de tous les pouvoirs se félicitèrent de ce triomphe.

La Société des Amis du Peuple, attaquée dans son indépendance, frappée dans l'exercice d'un droit sacré, aurait pu opposer la résistance à l'oppression, mais c'étaient ses concitoyens qu'on avait trompés pour les armer contre elle, le sang français aurait coulé... Elle aima mieux attendre que les hommes égarés s'éclairassent, et se contenta de protester contre la violence. Pour voiler l'odieux de cet attentat, on s'efforça de lui donner une apparence de l'égalité. Les officiers du ministère public ouvrirent le Code pénal de l'empire, et les juges de Charles X perfidement conservés dans leurs fonctions, traduisirent à la barre de leur tribunal, le président, le trésorier de la Société et le citoyen qui prêtait le lieu des séances. La France n'oubliera ni l'attitude civique des accusés, ni le jugement du tribunal, ni l'impudeur du ministre qui provoquait l'application d'une loi dont il proclamait à la tribune l'inique absurdité. Ce ministre balbutiait en même temps la promesse d'une loi sur la liberté d'association : quatre mois se sont écoulés, qu'est devenue cette promesse?...... Paroles fallacieuses, conseillées par la peur et arrachées par la force de la vérité!

Dans ces circonstances difficiles, la Société des

Amis du Peuple, forte de sa bonne conscience, continua d'observer la marche des hommes et des événemens, laissant au temps le soin de faire justice des calomnies répandues sur son compte.

En effet, depuis lors l'opinion publique s'est éclairée. Ce que les amis du peuple demandaient dans les premiers jours d'août 1830, aujourd'hui la France entière le demande; et du nord au midi, de l'est à l'ouest, d'une voix unanime elle réclame du pouvoir les engagemens pris à l'Hôtel-de-Ville..... Elle veut des institutions républicaines. Et que demandaient les Amis du Peuple? Que voulaient-ils, si ce n'est des institutions républicaines (1)!

Les blâmerait-on encore d'avoir les premiers exprimé les vœux et les besoins de la patrie? Placés depuis long-temps sur le terrain de l'action politique, mieux que d'autres ils ont pu juger les

---

(1) Qu'on vienne dire maintenant aux commerçans de Paris que la cause de la cessation des affaires provient des actes de la Société des Amis du Peuple : ils accueilleront cette allégation avec mépris...... Le moyen a été trop employé. Maintenant, les rassemblemens d'ouvriers ont disparu, les sociétés n'ont plus de publicité, les anciens ministres sont jugés : eh bien! la stagnation du commerce a-t-elle cessé?

hommes et les *doctrines*, et leurs prévisions s'accomplissent.

Nous ne rappellerons pas tous les actes liberticides des deux ministères qui ont exploité la révolution de 1830. Tous sont émanés d'une seule et unique pensée : dans l'intérieur, persécution des patriotes, haine de leurs principes ; à l'extérieur, coalition avec les divers cabinets contre le mouvement qui entraîne les peuples vers leur entier affranchissement. De ce système sont découlés tous les actes législatifs et diplomatiques des gouvernans : c'est de là qu'est née l'intime alliance des *libéraux* avec les doctrinaires, qui tous ont depuis long-temps donné des gages certains à la cause des rois, mais de ces rois qu'ils appellent légitimes. Ainsi, pour ne citer que quelques-uns des chefs, M. Guizot suivit à Gand Louis XVIII et l'émigration ; M. Royer-Collard, pendant le cours de notre première révolution, fut l'agent secret de ce même Louis XVIII (1).

______

(1) On n'a voulu indiquer ici que deux noms qui en représentent une foule d'autres dont l'énumération eût été fastidieuse. Que si l'on s'étonne d'y voir celui de M. Royer-Collard, qui n'a pas occupé le pouvoir depuis la révolution, nous répondrons que certains hommes ont exercé une influence avouée ou occulte sur la marche des affaires ; que MM. les doctrinaires sont gens qui savent se concer-

Et voilà les hommes qui ont dirigé notre marche politique, depuis l'expulsion de Charles X ! Qu'on

---

ter, et, pour dire le mot, se *coaliser* au besoin contre le bien public. Ignore-t-on quelle a été, depuis quelque temps, la part de M. Decaze sur la direction de nos intérêts ?—M. Decaze !... Pourrait-on avoir oublié les conspirations inventées, les ordres télégraphiques, les échafauds de 1816? Et notre révolution de juillet était-elle donc si pauvre d'intelligence et de dévouement qu'il fallût recourir à de pareils hommes pour la représenter ? — L'un des premiers actes du ministère qui a succédé à nos journées de juillet a été assez significatif, et dès-lors les hommes à vue perçante ont pu facilement juger de tout le cortége de maux qu'il devait amener à sa suite : nous voulons parler du choix de Talleyrand. Ce nom est tout un système : son adoption était un démenti formel donné à la révolntion, et la volonté bien exprimée d'en tuer au plutôt les généreuses tendances. — Talleyrand est, à vrai dire, le chef des doctrinaires, de ces hommes sans conviction, sans chaleur, sans dévouement, qui, pleins d'un profond mépris pour quiconque ne leur ressemble pas, peuvent, après avoir *servi* successivement la république, l'empire, la restauration, livré la France à l'étranger, pris part à toutes les trahisons, à toutes les chutes de gouvernement, s'applaudir d'avoir usé tous les partis, ou bien venir répondre avec un impudent cynisme, à la tribune nationale, quand on y oppose leurs paroles passées à celles du jour, *qu'il faut savoir distinguer le langage d'un mandataire du peuple du langage d'un homme parlementaire.* Si l'on descend de la sphère élevée d'intelligence , dans laquelle

s'étonne encore si la presse a été entravée par une fiscalité presque sans bornes, et une pénalité odieusement répressive; si la liberté d'association a fait jeter en prison les citoyens qui en voulaient l'exercice ! Qu'on s'étonne si l'on s'est fait un jeu cruel d'anéantir les généreux efforts des patriotes Espagnols, et qu'on se demande ce que vont devenir les Belges et les Polonais!... Pourtant leur in-

---

prétendent s'exercer MM. les doctrinaires, et qu'après ces tristes désignations il puisse être utile de montrer encore d'autres personnages associés au même but, nous demanderons si l'homme (M. d'Argout) qui, en 1815, faisait brûler le drapeau national par la main du bourreau, pouvait être ministre d'un pays dont la vive sympathie pour ce drapeau venait de se manifester avec tant d'éclat. Un autre (M. Sébastiani) n'avait jamais représenté que les formes aristocratiques les plus exagérées : sous le ministère Martignac il avait demandé bien sérieusement à la tribune s'il était vrai qu'on songeât à réduire messieurs les maréchaux de France à *cent mille francs de traitement*, pour en venir peut-être un jour à les réduire à *leur misérable traitement fixe de quarante mille francs*. Cet homme était-il propre à représenter l'une des tendances les plus marquées de notre révolution, celle du gouvernement économique et de la réduction des gros traitemens? En résumé, de pareils choix et une foule d'autres, sur lesquels nous aurons occasion de revenir, ont toujours indiqué la pensée bien arrêtée d'étouffer les indications les plus marquées de notre révolution.

surrection nous a été utile; car, sans eux, les hordes nomades du Nord fouleraient peut-être pour une troisième fois le sol de la patrie. Voilà des motifs d'alliance, puisés dans notre intérêt particulier; nous ne parlerons pas de ceux que fourniraient des sentimens de générosité et la reconnaissance pour les services passés : peu d'hommes nous comprendraient. Mais laissons le tableau des actes politiques de ces hommes qui prétendent faire les affaires de la France, il serait trop long à tracer; et d'ailleurs, les récriminations ne sauvent ni les peuples, ni leur liberté. L'histoire flétrira les turpitudes qui ont accompagné cet envahissement du pouvoir et l'usage qu'on en a fait; les patriotes français en conserveront le souvenir, et en feront leur profit.

Dans les mois d'août et de septembre 1830, la Société des Amis du Peuple traitait des questions de principes, établissait des théories, et conservait l'espérance de les voir adoptées et appliquées promptement. Cet espoir est détruit, et les temps sont changés. Aujourd'hui il ne s'agit plus seulement d'améliorations, il s'agit encore de veiller à l'indépendance nationale, de signaler les actes arbitraires qui se multiplient sans cesse, et d'*éclairer les trahisons qui pourraient nous envelopper*. La Société des Amis du Peuple, long-temps silencieuse, va désormais employer le moyen le plus efficace dont elle puisse user : la presse. Au milieu de l'ébranlement européen qui se prépare elle restera fidèle à sa mission : elle dira au peuple français ce qu'elle sait de son état politique, ce qu'elle en pense, et ce qu'il doit en attendre. Etrangère à toute influence de faction, ne s'attachant qu'aux principes, ne fléchissant sous aucun patronage, ne voyant que la patrie et son salut, elle stigmatisera les actes anti-nationaux, hostiles à la liberté, à la gloire, à l'indépendance du pays, et à l'égalité des droits et des devoirs de chacun. Quand elle aura en main des preuves contre les traîtres, elle les nommera.... Elle trouvera appui et concours de tous les patriotes de France. Elle y compte......

C'est dans ce but quelle s'est réunie le 2 février 1831 en assemblée générale, et qu'elle à pris les déterminations consignées dans l'extrait suivant du procès-verbal de cette séance :

SOCIÉTÉ DES AMIS DU PEUPLE.

*Extrait du procès-verbal de la séance du
2 février 1831.*

La séance est ouverte à sept heures et demie.

Le secrétaire donne lecture du procès-verbal de la séance précédente.

Le président se lève et dit :

J'invite le citoyen Hubert, rendu depuis quelques jours à la liberté, à venir en sa qualité de président honoraire, prendre place au bureau.

(Mouvement dans l'assemblée.)

Le président Hubert se rend à cette invitation : l'assemblée est attentive et silencieuse. Le président titulaire, d'une voix émue, adresse à son collègue, les paroles suivantes :

Citoyen, vous êtes rendu à vos amis, à vos frères, après trois mois de privation de votre liberté. Nous sommes heureux de vous revoir, mais nous éprouvons le regret que vous n'ayez pas à vos côtés votre ami de combat et de prison, le citoyen Thierry, dont la mère vient de mourir, et que des devoirs de famille retiennent en ce moment près de son vieux père. Nos paroles se seraient adressées à lui comme à vous.

Les faits qui ont amené votre condamnation n'étaient que la suite des efforts et des sacrifices que vous avez toujours faits pour la liberté : ils étaient la conséquence naturelle de votre conduite des trois jours.

Dès le 26 juillet, une commission de bons citoyens avait été nommée pour aviser à des mesures d'utilité publique : quelques mois après, l'un des membres de cette commission était en prison, un autre était ministre. L'un des deux était un homme conséquent qui voulait à une cause des effets, *c'était vous, citoyen Hubert :* l'autre avait déchiré son mandat populaire. D'où vient donc cette bizarre contradiction, qu'après une victoire qu'on fêtait de toutes parts, des châtimens se soient sitôt dirigés sur ceux-là qui avaient pris part à la bataille ? — C'est que les dispensateurs de la peine n'étaient pas les héros de juillet : c'est que les juges de Charles X ne pouvaient être les juges impartiaux des hommes qui avaient brisé le trône de leur dernier *maître* et qui apparaissaient eux-mêmes à leur tribunal plutôt comme des juges que comme des accusés : c'est qu'enfin la plupart de ceux-là qui chantaient alors le triomphe populaire appliquaient tous leurs efforts à en étouffer les fruits. Ces chants de victoire ne devaient pas être de longue durée, ils ne se font déjà plus entendre, le peuple est muet, et *la justice des temps passés a repris son cours.*

Citoyen, c'est l'aristocratie obscurément cachée durant les trois jours, puis si humble et si caressante, et puis enfin si impatiente de remonter aujourd'hui, la vengeance au cœur, sur la scène politique : c'est l'aristocratie toujours puissante qui vous a condamné. Elle est, en ce jour, parée des trois couleurs ; mais qu'importe si malgré les coups qui l'ont frappée, c'est toujours elle qui décide de l'existence, de la fortune et de la liberté des citoyens !

Dans cette lutte, qui réclamera long-temps encore nos

efforts, votre attitude devant le tribunal qui vous mandait à sa barre, les paroles que vous lui avez adressées (1), ont offert un grand et digne exemple de courage et d'austère dévouement dont l'histoire conservera le souvenir, et qui ne pourra manquer de porter ses fruits. La société des Amis du Peuple a été la première à les recueillir : sa mission est

---

(1) **POLICE CORRECTIONNELLE.** (7ᵉ chambre.)

Présidence de M. Dufour. — Audience du 2 octobre 1830.

Messieurs,

C'est un étrange spectacle que de voir citer devant vous, deux mois après la révolution du 29 juillet, des hommes qui n'ont pas été étrangers au succès de nos grandes journées. Que ceux qui n'ont pas reculé devant cette funeste anomalie en portent la peine! Quant à moi, je n'aurai pas l'inexcusable faiblesse de vous accepter pour juges et de me défendre devant vous. Ami de l'ordre nouveau créé par la révolution, je ne dois pas compte de mes opinions aux hommes que nous avons vaincus. Assez long-temps vous n'avez pas laissé passer de semaine sans envoyer en prison au moins un ami de la liberté. Les temps sont changés. Juges de Charles X, récusez-vous : le peuple vous a dépouillés de la toge en rendant la liberté à vos victimes, et vous-mêmes avez sanctionné sa sentence en fuyant pendant qu'il se battait. Voyez les rubans tricolores dont nous sommes parés. Il y a deux mois encore, vous les eussiez flétris comme des insignes de sédition. Comment osez-vous, avec la même confiance, juger ceux qui les ont portés au mépris de vos vengeances? comment osez-vous affronter sur vos siéges, dont les fleurs de lys ont été arrachées, ceux qui ont chassé l'idole à laquelle ont été sacrifiés tant de proscrits?

Si à défaut de justice un sentiment de pudique convenance ne vous porte pas à vous abstenir, condamnez-moi; mais au moins vous ne me jugerez pas; car je me respecte trop pour reconnaître en vous un tribunal légitime. Je puis aller en prison par votre ordre. Je ne puis pas me dégrader jusqu'à vous soumettre une justification que vos antécédens vous mettent hors d'état de comprendre.

de les répandre au loin : elle a compris depuis long-temps qu'elle devait vouer son existence à la propagation de ses principes. Il ne peut y avoir pour quelques-uns de ses membres ni repos ni bonheur qu'ils ne soient parvenus à ramener les conséquences de notre révolution.

Citoyen, veuillez prendre place au bureau et acquérir parmi nous la preuve de la sympathie qu'a fait naître ici votre conduite politique, et de la bienfaisante influence que doit y exercer votre présence.

A près ce discours, le président donne au citoyen Hubert l'accolade fraternelle, au nom de toute la société.

(Applaudissemens unanimes.)

La Société reprend ensuite ses délibérations.

Le rapporteur de la commission d'épuration rend compte du travail de cette commission, et demande quinze jours pour le compléter.

Rapport du trésorier.

— Un membre du bureau fait une proposition tendant à former un comité chargé de faire des publications, pour suppléer à la publicité des séances : il développe les motifs qui rendent nécessaire l'adoption de cette proposition : *Nous n'entendons pas par-là, dit-il en terminant, que la Société renonce aucunement au droit qu'elle a de se réunir en séances publiques.*

Une discussion s'engage sur cette proposition.

Tous les orateurs sont unanimes sur le besoin de créer ce mode d'action : leurs discours n'ont pour objet que de rechercher les meilleurs moyens d'exécution.

Un membre propose la nomination immédiate d'une commission chargée de faire un rapport à ce sujet.

La Société vote d'abord sur la première proposition conçue en ces termes :

« La Société des *Amis du Peuple* suppléera à » la publicité de ses séances par des publications » patriotiques. »

Adopté à l'unanimité.

Elle adopte ensuite la deuxième proposition, et elle nomme, par l'organe de son président, une commission chargée de présenter le projet.

La séance est levée à onze heures.

Paris, le 2 février 1831.

MPRIMERIE DE A. BARBIER, RUE DES MARAIS S.-G., N. 17.